Vente du Vendredi 4 Avril 1913

HOTEL DROUOT — SALLE N° 7

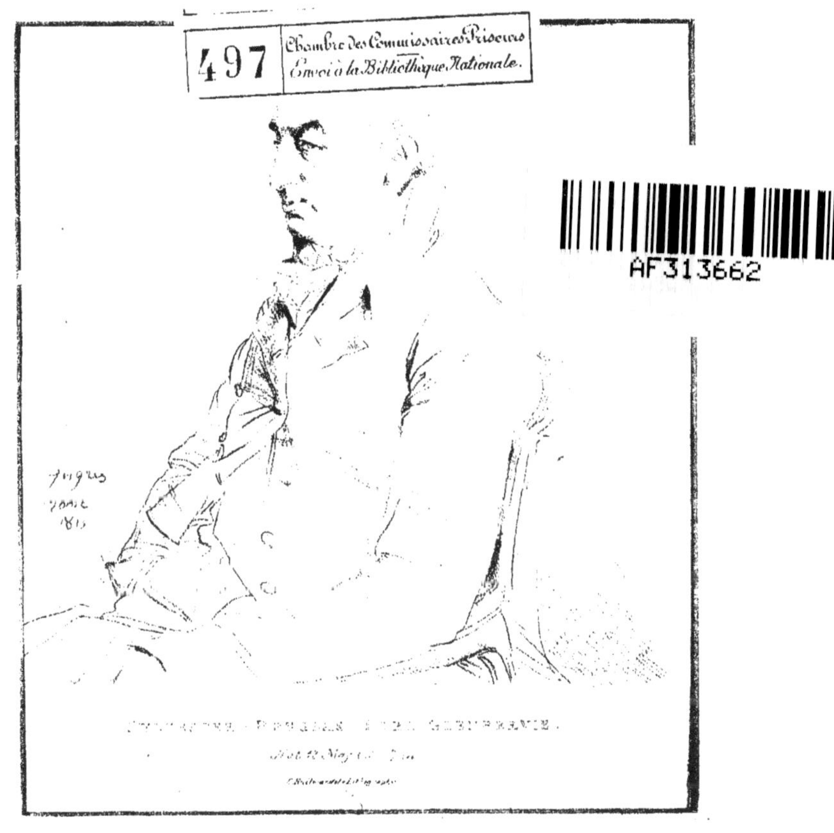

N° 95 du Catalogue.

ESTAMPES
ANCIENNES & MODERNES

M° ANDRÉ DESVOUGES   M. LOYS DELTEIL

FRAZIER-SOYE

GRAVEUR-IMPRIMEUR

153-155-157, Rue Montmartre

PARIS

CATALOGUE

DES

ESTAMPES

ANCIENNES

ET

MODERNES

Dont la vente aura lieu

à Paris, HOTEL DROUOT, Salle N° 7

Le Vendredi 4 Avril 1913

à 2 heures précises

Par le Ministère de Mᵉ ANDRÉ DESVOUGES

COMMISSAIRE-PRISEUR

26, Rue de la Grange-Batelière

Assisté de M. LOYS DELTEIL, Graveur et Expert

2, Rue des Beaux-Arts

CONDITIONS DE LA VENTE

Elle sera faite au comptant.

Les adjudicataires paieront *dix pour cent* en sus des enchères.

M. Loys Delteil remplira les commissions que voudront bien lui confier les amateurs ne pouvant y assister.

MM. les Amateurs pourront visiter la Collection, 2, *rue des Beaux-Arts*, du Vendredi 28 Mars au Jeudi 3 Avril 1913, de 2 heures à 5 heures (*le Dimanche excepté*).

Le Peintre-Graveur Illustré

(XIXᵉ & XXᵉ SIÈCLES)

par LOYS DELTEIL

OUVRAGE HONORÉ D'UNE SOUSCRIPTION DU MINISTÈRE DE L'INSTRUCTION PUBLIQUE

ET DES BEAUX-ARTS

VIENT DE PARAITRE :

TOME VIII consacré à

Eugène CARRIÈRE

contenant la biographie du Maître,

et le

Catalogue raisonné de son œuvre gravé et lithographié

avec la reproduction

de toutes les planches décrites.

I volume in-4°, orné du portrait de CARRIÈRE

et de 45 *fac-simile.*

Tirage :

50 exemplaires de luxe, sur japon. . . . 60 francs

300 — avec lithographie originale. 25 —

100 — sans la lithographie . . . . 16 —

EN PRÉPARATION :

TOMES IX et X, consacrés à H. DE TOULOUSE-LAUTREC

TOME XI, consacré à GUSTAVE LEHEUTRE

TOME XII, consacré à CHARLES-FR. DAUBIGNY

TOMES XIII et XIV, consacrés à GOYA

TOME XV, consacré à GÉRICAULT

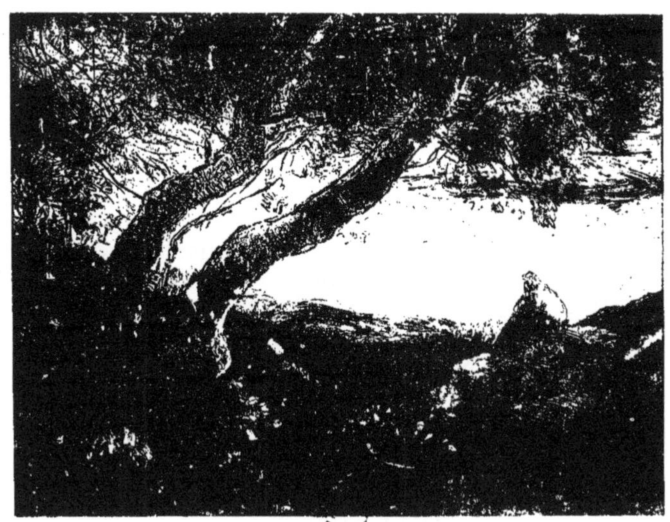

N° 26 du Catalogue

DÉSIGNATION

ALKEN (d'après)

1. *Fores's Sporting Scraps*, pl. 1, par Harris. Belle épreuve, *coloriée*. Encadrée.

AUBRY (d'après Et.)

2. Première leçon d'amitié fraternelle, par De Launay. Epreuve *avant la dédicace*, doublée. Encadrée.

3. L'Heureuse nouvelle — La Bergère des Alpes. Deux pièces par Simonet et Le Veau formant pendants. Très belles épreuves.

BAUDOUIN (d'après P.-A)

4. Le Catéchisme — Le Confessional (12 et 15). Deux pièces par Moitte, se faisant pendants. Belles épreuves, *avant la lettre*.

BEAUMONT (Ed. de)

5. Les Jolies Femmes de Paris, Croquis Parisiens, Quartier de la Boule Rouge, etc. 50 pl. Très belles épreuves.

BÉNAZECH (d'après)

6. Le Seigneur — Le Retour du Laboureur. Deux pl. par Ingouf. Epreuves *avant la lettre*. Encadrées.

BOILLY (L.)

7. Grimaces, 8 pl. *coloriées* (courtes de marge). On y a joint un dessin d'après Boilly.

BOILLY (d'après L.)

8. Le Cadeau, par Bonnefoy. Très belle épreuve.

9. La Dispute de la Rose — La Rose prise. Deux pièces par J. Eymar, se faisant pendants. Très belles épreuves, *avant la lettre* (les marges doublées).

10. La Douce Impression de l'Harmonie — Suite de la Douce Impression de l'Harmonie, 2 pl. par Wolff, se faisant pendants. Belles épreuves.

11. Ils sont Eclos, par Honoré. Très belle épreuve.

BONNET (L. M.)

12. Deux Têtes. Très belle épreuve *tirée en plusieurs tons, avec planche de blanc*. Très rare. Très belle épreuve (sans marges).

BOREL (d'après Ant.)

13. Il a cueilli ma rose, par Regnault. Belle épreuve.

BOSSE (Abraham)

14. Cérémonie observée au Mariage de Vladislas IV et de Louise Marie de Gonzague, 1645 (1223). Belle épreuve.

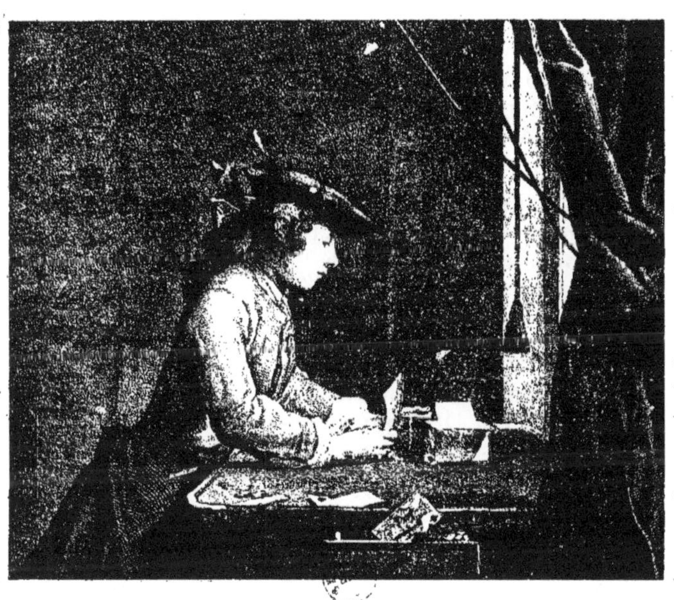

N° 21 du Catalogue.

BOURCARD (Gustave)

15. La Cote des Estampes — Paris. Ed. Rahir, 1912. 1 vol. in-4 broch. Epuisé.

CALLOT (Jacques)

16. Les grandes Misères de la Guerre (564-581). Suite complète de 18 pl. Très belles épreuves *avant* le nom de Callot, remmargées.

17. La même série, 18 pl. sous trois cadres.

CANALETTO (Ant.)

18. La Torre di Malghera (2) — Al Dolo (4). Deux pl. Belles épreuves.

CARICATURES ET SCÈNES DE MŒURS

19. La Promenade à cheval — Le Bⁿ de Gand à Paris (Le Suprême Bon Ton, pl. 25 et 27). Deux pl. par A. Godefroy. Très belles épreuves, *coloriées*.

20. La Course des Montagnes Russes à Paris — Colin court — M^r le Mis de La Fayette — La Manière de jouer au Diable — Les vrais Diables, etc., 13 pl. Belles épreuves, *coloriées*.

CHARDIN (d'après J. B. S.)

21. Le Château de carte - Dame prenant son thé (11 et 13). Deux pièces, par P. Fillœul, se faisant pendants. Très belles épreuves, toutes marges.

22. La Fontaine, par Cochin (21). Bonne épreuve.

COROT (J. B. C.)

23. Ville d'Avray (L. D. 3). Très belle épreuve sur chine, *avant le trait échappé*.

24. Paysage d'Italie (7). Très belle épreuve, avec cache-lettre.

25. Dans les Dunes (9). Très belle épreuve.

26. Le Songeur (43). Très belle épreuve. Rare.

27. Souvenir d'Ostie (57). Belle épreuve du 1er état.

COSWAY (d'après R.)

28. Study — Education — Instruction — Affection —
Emma — Henry. 6 pl. tirées en 2 tons formant
série.

COUTEI LIER

29. Joseph Menier (à Paris chez Mondhare). Très
belle épreuve, *imp. en couleurs.*

DAUBIGNY (C. F.)

30. Le Pré des Graves à Villerville, 1875. Très belle
épreuve, *avant la lettre.*

31. Pommiers à Auvers, 1877. Très belle épreuve,
avant la lettre.

DAUMIER (Honoré)

32. Le Ventre législatif (306). Epreuve manquant de
conservation.

33. Très hauts et très puissans moutards..... (307). Belle
épreuve.

34. Ne vous y frottez pas !! (308). Belle épreuve (plis
et petite cassure).

35. Enfoncé Lafayette !... attrape, mon vieux ! (309).
Très belle épreuve.

36. Rue Transnonain (310). Bonne épreuve (petite
cassure).

37. Les Baigneurs (627-655). Suite complète de 30 pl.
Très belles épreuves, en 1 alb. in-4° cart. d'édit.

38. Bohémiens de Paris (826-852). Suite complète de
28 pl. Très belles épreuves en 1 alb. in-4°, cart.
d'édit.

39. Emotions Parisiennes (1630-1666). Suite complète de
50 pl. en 1 alb. in-4° cart., d'édition (la pl. 49 est
intercalée entre les n°° 16 et 17). Très belles
épreuves.

40. Histoire Ancienne (1901-1950). Suite complète de 50 pl. Très belles épreuves *coloriées*, en 1 alb. in-4° cart. d'édit.

41. Mœurs conjugales (2069-2117). Suite de 60 pl. Très belles épreuves, *coloriées*, en 1 alb. in-4° cart. d'édit. (quelques planches débrochées, manque la pl. 36).

42. Types Parisiens (2170 et suiv.). Suite complète de 50 pl. Très belles épreuves en 1 alb. in-4° cart. d'édit.

43. La même série en même état et condition.

44. Album Comique (Robert Macaire, 2ᵉ série, Mœurs Conjugales), 25 pl. (mouillures, les nᵒˢ grattés).

45. Panorama Comique, *par Daumier — 36 sujets*. Paris, L. Pannier, s. d. Suite complète. Très belles épreuves en 1 alb. in-4° cart. d'édit.

46. Les Robert Macaire, *par Daumier — 28 sujets*. Paris, L. Pannier, s. d. Recueil complet. Bel exempl. cart. d'édit.

46 *bis*. Variétés drôlatiques ʻ(*Vulgarités, les Musiciens de Paris, La Pêche,* etc.), titre et 50 pl. Paris, Pannier, s. d. Belles épreuves en 1 alb. in-4° cart. (quelques piqûres).

DE GOUY (A. M.)

47. La Comparaison des petits Pieds, d'apr. L. Boilly. Très belle épreuve, *impr. en couleurs*. Encadrée.

47 *bis*. L'Essai du Corset, d'apr. Wille fils. Très belle épreuve, *imp. en couleurs*. Encadrée.

48. Les Raisins doux. Très belle épreuve *impr. en couleurs*. Rare. Encadrée.

48 *bis*. Le Verrou, d'apr. H. Fragonard. Très belle épreuve *imp. en couleurs*. Rare. Encadrée.

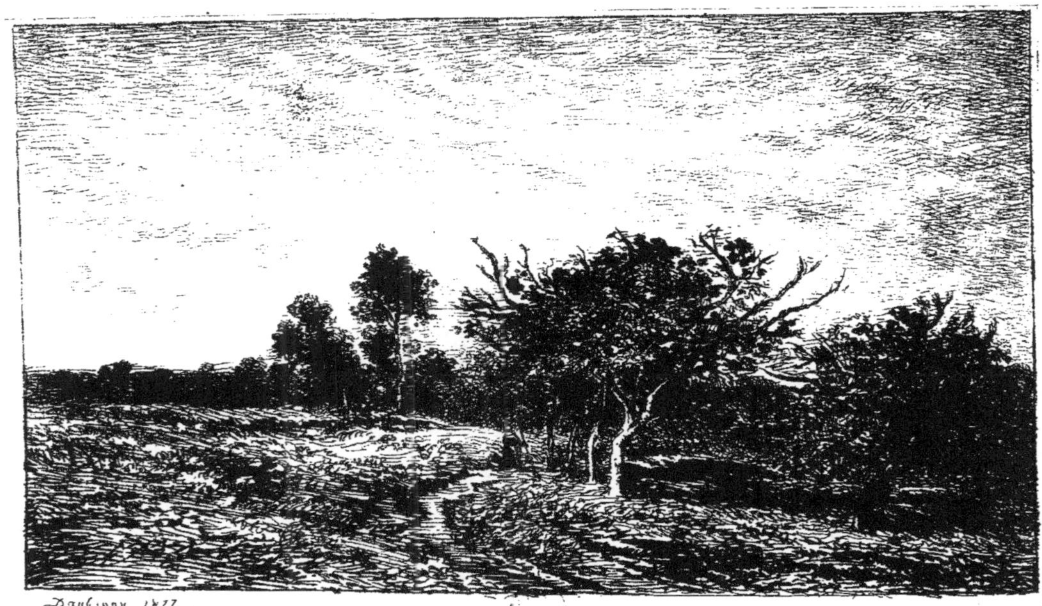

N° 31 du Catalogue.

DELACROIX (Eugène)

49. Un Forgeron (19). Très belle et rare épreuve du
2ᵉ état, *avec* les essais en marge.

DEMARTEAU (G.)

49 *bis*. Groupe de Têtes, d'apr. F. Boucher (n° 158).
Très belle épreuve, *tirée en sanguine*.

50. Famille Russe, d'apr. Le Prince (n° 247). Très belle
épreuve, *tirée en sanguine*.

51. Femme russe à mi-jambes, d'apr. Le Prince
(n° 389). Très belle épreuve, *tirée en sanguine*.

52. Bacchante et Amour, d'apr. J. B. Huet (n° 576).
Superbe épreuve, *tirée en 3 tons*.

DEVÉRIA (Achille)

53. LES HEURES DU JOUR. Suite de 18 planches in-fol.
Belles épreuves à toutes marges (quelques
piqûres). Rare à rencontrer complet.

54. LE GOUT NOUVEAU. Suite de 24 planches (manque la
pl. 7, 9, 11, 12, 16), soit 19 pièces. Belles épreuves
à toutes marges (sauf une).

DURER (Alb.)

55. Le Paysan au marché (B. 89). Belle épreuve.

55 *bis*. Les Offres d'amour (93). Très belle épreuve.

56. Les Saints Etienne, Grégoire et Laurent (108). Très
belle épreuve de la collection Perry.

DYCK (Ant. van)

57. Breugel (J.) (1) — Erasme (D.) (4) — Vorster-
man (L.) (13). Trois pl. Bonnes épreuves.

58. Noort (A. van) (8). Belle épreuve.

59. Pontius (Paul) (9). Belle épreuve.

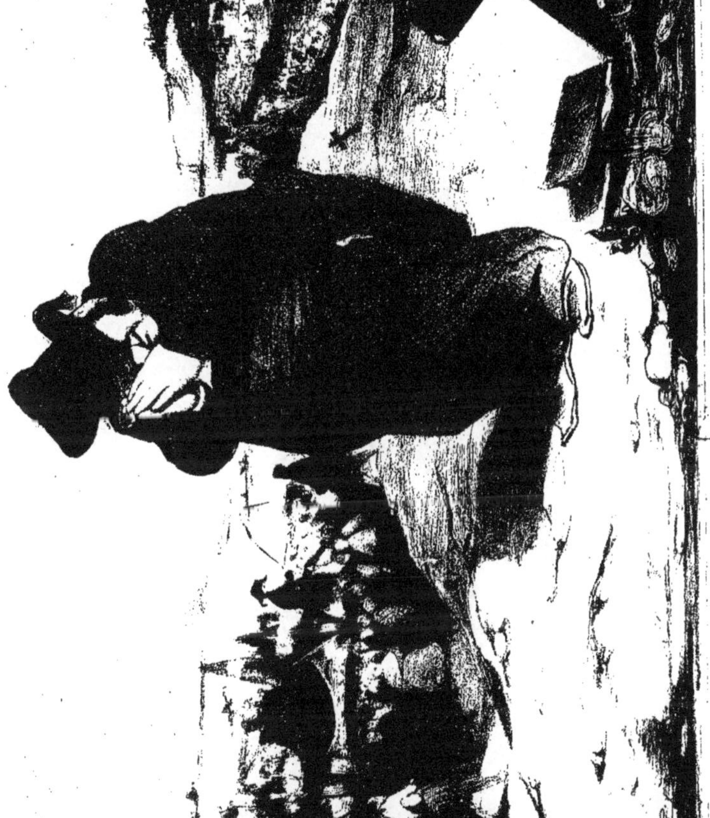

N° 35 du Catalogue.

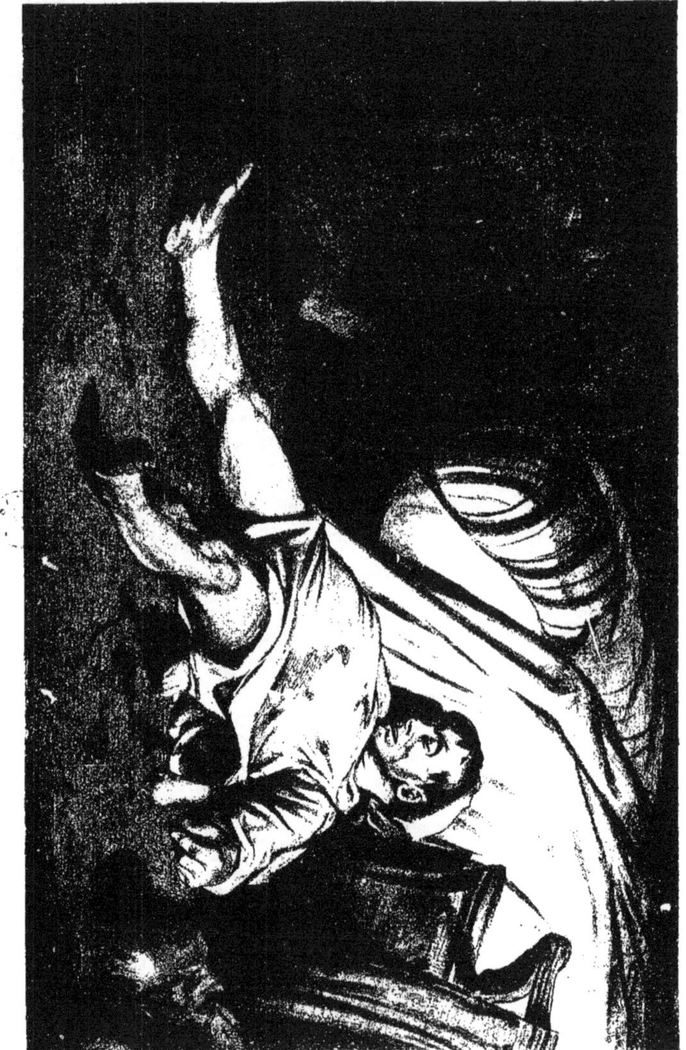

N° 36 du Catalogue.

ÉCOLE FRANÇAISE (1er Empire)

60. La Clef d'or — Le Vœu de tous. Deux petites pièces de forme ronde, se faisant pendants. Très belles épreuves, *impr. en couleurs.*

EDELINCK (G.)

61. Pascal (Blaise), d'ap. Quesnel (290). Belle épreuve.

EDELINCK (G.) — TARDIEU (N.) — DUCHANGE

62. Le Tellier (C. M.) (245) — Pardaillan de Gondrien, d'apr. H. Rigaud — A. Coypel et son fils, d'apr. A. Coypel. Trois pl. Belles épreuves.

FORAIN (J. L.)

63. A Bullier (M. Guérin 11). Très belle épreuve sur japon, du 2e tirage.

64. Baignoire au théâtre (41). Superbe et rare épreuve du 1er état, *signée.*

65. En Cabinet particulier, 2e planche (74). Très belle épreuve *retouchée au crayon, signée.*

66. Femme nue, à plat ventre sur son lit (76). Superbe épreuve du 2e état (sur 3) *tirée en bistre* et *signée.*

67. La Vie de Bohème (88). Très rare épreuve du 1er état, *avant la lettre* (petites cassures).

FRAGONARD (d'après H.)

68. Le Contrat — Le Verrou. Deux pl. par Blot, se faisant pendants. Belles épreuves (sans marges).

69. Le Verre d'eau, par N. Ponce. Belle épreuve.

70. Le Verrou, par M. Blot. Belle épreuve.

71. Sujets gracieux et motifs antiques, 10 pl. par l'abbé de Saint-Non. Belles épreuves.

FRAGONARD ET BAUDOUIN (d'après)

71 *bis*. Le petit Prédicateur — Le Poète Anacréon. Deux pièces du second tirage. Encadrées.

FRAGONARD, LANCRET, LE CLERC, etc. (d'après)

72. Le Baiser amoureux — La Femme commode — La Naissance — Admonition pour éviter la Poligamie — L'Abbé en conqueste. 5 pl. par Dupin, Baléchou, etc.

GAVARNI

73. Le Carnaval à Paris (398-422). Suite complète de 40 pl. Très belles épreuves en 1 alb. in-4", cart. d'édit.

74. Clichy (429-448). Suite complète de 21 pl. Très belles épreuves en 1 alb. in-4", cart. d'édit.

75. Les Débardeurs (486-542). Suite complète de 66 pl. Très belles épreuves, *coloriées*, en 1 album in-4" cart. d'édit

76. Les Etudians de Paris (614-661). Suite complète de 60 pl. Belles épreuves, en 1 alb. in-4", cart. d'édit.

77. Leçons et Conseils (741-760). Suite complète de 18 pl. Très belles épreuves en 1 alb. in-4° cart. d'édit.

78. Les Lorettes (703-841), 63 planches (sur 79). Très belles épreuves *coloriées*, en 1 alb. in-4° cart. d'édit.

79. Politique des Femmes (949 et suiv.). Suite complète de 20 pl. Très belles épreuves, en 1 alb. in-4°, cart. d'édit.

80. Souvenirs du Bal Chicard (2272-2291). Suite complète de 20 pl. Très belles épreuves, *coloriées*, en 1 alb. in-4" cart. d'édit.

81. La Vie de jeune Homme (971-997). Suite complète
de 36 pl. Très belles épreuves en 1 alb. in-4°, cart.
d'édit.

81 *bis*. *Souvenirs du Carnaval, par Gavarni,
25 planches — Souvenirs du Carnaval — Les
Bals masqués — Costumes historiques.* Suite
complète. Très belles épreuves en 1 alb. in-4°,
cart. d'édit.

82. *Album des Gens du Monde. 20 Lithographies par
Gavarni* — Paris, 1843 — Recueil complet en
1 alb. in-4° obl. cart. d'édit.

83. *Grand Album Gavarni, 10 des plus jolies Caricatures de Gavarni.* Paris, Beauger, s. d. Exemplaire complet. Très belles épreuves en 1 alb.
in-4° cart. d'édit.

84. *Musée Gavarni — 28 Lithographies.* Paris, Pannier, 1843. Recueil complet. Bel exempl. cart.
d'édit.

GELLÉE (Claude)

85. Les quatre Chèvres (27). Très belle épreuve.

GÉRICAULT (J. L. Th.)

86. Études de Chevaux, 44 pièces sur chine.

GIANNI (d'après)

87. La Mariée — La Veuve. Deux pièces se faisant
pendants, par Levilly. Belles épreuves, *imprimées en couleurs.* Encadrées.

GIRARD (J. B.)

88. Suite de 4 planches relatives à l'affaire du P. Gi-
rard et de la Cadière. Très belles épreuves.
Rares.

GREUZE (d'après J. B.)

89. La Privation sensible, par J. B. Simonet. Très belle et rare épreuve, *avant la dédicace.*

GUNST (P. van)

90. Marlborough (J. Churchill, duc de), d'apr. A. van der Werf. Belle épreuve (doublée).

HERRING (d'après J. F.)

91. *Fox-Hunting*, pl. 2, par Harris. Très belle épreuve *coloriée.* Encadrée.

HOLBEIN (d'après H.)

92. Erasme, par C. Koning. Belle épreuve. Rare.

HUET (d'après J. B.)

93. La Conversation, par Jubier. Très belle épreuve, *imp. en couleurs* (sans marges).

94. Offrande présentée par l'Amour à la fidélité, par Bonnet. Belle épreuve, *imp. en couleurs* (sans marges).

INGRES (J. D. A.)

95. Sylvester (Douglas) Lord Glenbervie (Loys Delteil 2). SECOND EXEMPLAIRE CONNU. La seule épreuve connue jusqu'à ce jour se trouve au British Museum.

96. Frédéric (North) Earl of Guildford (4). SECOND EXEMPLAIRE CONNU. L'autre épreuve se trouve au British Museum.

97. Frederic Sylvester Douglas. 1re planche (5). SECOND EXEMPLAIRE CONNU. L'autre épreuve se trouve au British Museum.

98. Odalisque (9). Belle épreuve, tirée sur papier jaune (sans marge).

JACQUE (Ch.)

99. La Truffière (85). Très belle et rare épreuve au *porc noir*.

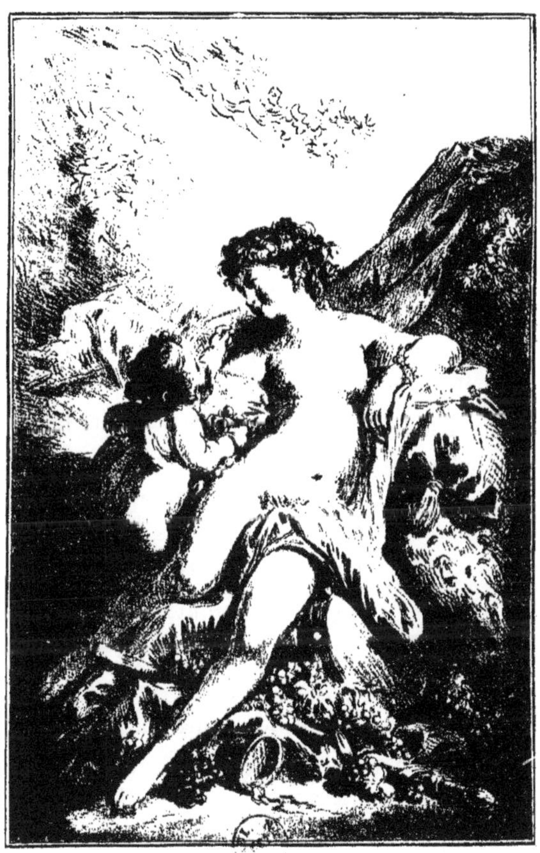

N° 52 du Catalogue.

100. La Maréchallerie (208). Très belle et très rare épreuve d'état, *avec* le cheval noir et *avant* divers travaux.

JANINET (J. F.)

101. Mlle St Huberti, rôle de Pénélope — Mlle St Val, rôle de Zulma. Deux pièces. Très belles épreuves *imp. en couleurs.*

JAZET (J. P. M.)

102. Le Départ du Marin — Le Retour du Marin, 2 pl. se faisant pendants. Belles épreuves, *coloriées.*

JONGKIND (J. B.)

103. Batavia (15). Très belle épreuve.

KAUFFMAN (d'apr. Angélica)

104. Electra and Chrysothemis — The Mirror of Venus — Selim or the Shepherd's Moral, etc., 5 pl. par Harding, Dickinson, Ryland, Trotter et Bartolozzi. Belles épreuves (2 *imp. en couleurs*).

LAGRENÉE LE JEUNE (d'après)

105. Les Enfants chéris — La Tendre Mère. Deux pl. par Bonnet, se faisant pendants. Belles épreuves *imp. en couleurs.*

LAMBERT AINÉ

105 *bis*. Fleurs, d'apr. Mme Vincent, 29 pl. *coloriées.*

LAVREINCE (d'après Nic.)

106. Le Concert agréable, par C. N. Varin (13). Très belle épreuve (petite cassure en marge).

107. La Consolation de l'absence, par N. De Launay (14). Très belle épreuve de tirage postérieur.

108. L'Heureux Moment, par N. De Launay (28). Très belle épreuve de tirage postérieur.

109. Le Mercure de France, par Guttenberg le jeune (38). Belle épreuve, *avec* la 1re adresse.

110. La Partie de Musique, par V. Langlois (46). Belle épreuve, *avant la lettre* (filet de marge).

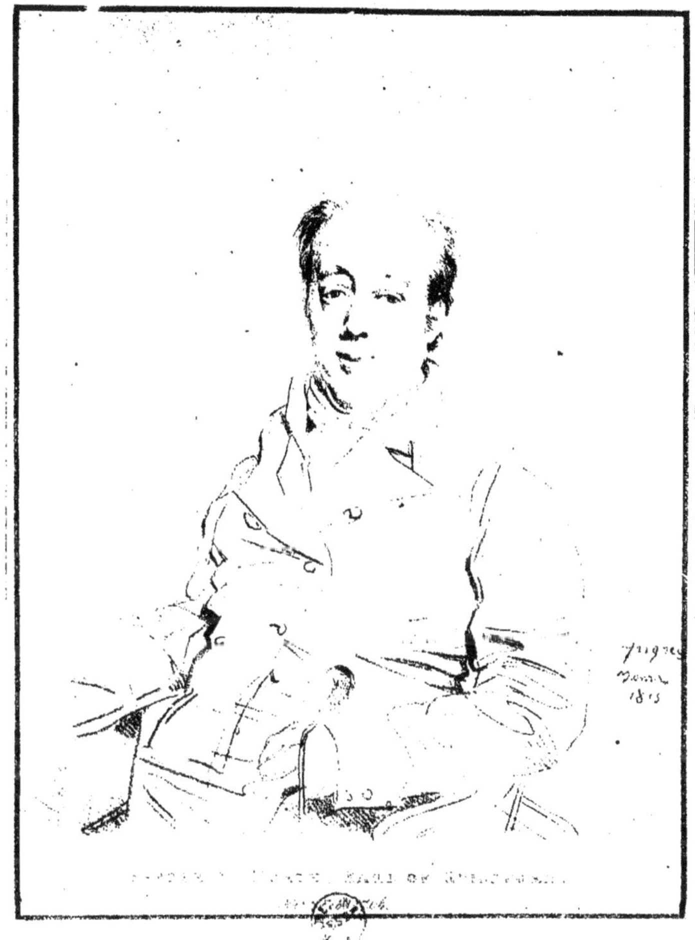

N° 60 du Catalogue.

111. Les Soins mérités, par R. De Launay (60). Très
belle épreuve (sans marges).

112. Le Joli Chien (4 A de l'app.). Belle épreuve, *tirée
en bistre* (rognée).

LEGRAND (Augustin)

113. La Leçon maternelle. Belle épreuve, *imp. en couleurs* et rehaussée. Encadrée.

LE PRINCE (J. B.)

114. Grande Pastorale, 1788. Très belle épreuve, *tirée en bistre*.

LE PRINCE et SCHENAU (d'après)

115. La Crainte, par N. Le Mire — La Lanterne Magique — Les Origines de la peinture, par Ouvrier. Trois pièces (2 de tirage postérieur).

LEYDE (Lucas de)

116. L'Adoration des Mages (B. 37). Belle épreuve.

MALLET (d'après J. B.)

117. Julie ou le Premier Baiser de l'Amour, par Copia. Belle épreuve.

MECKENEN (Israël van)

118. Une Vierge folle (167). Très belle épreuve (petites épidermures).

MERYON (Charles)

119. Le Stryge (23). Belle épreuve sur chine, *avant* le titre.

120. Le Petit Pont (24). Très belle épreuve sur chine, *avant le n°*.

121. L'Arche du Pont Notre-Dame (25). Très belle épreuve, *avant la lettre*, sur chine.

122. La Galerie Notre-Dame (26). Très belle épreuve avec le titre, mais *avant le n°*.

123. La Tour de l'Horloge (28). Belle épreuve du 5ᵉ état, *avant la lettre*.

124. La même estampe. Belle épreuve sur chine.

125. Tourelle de la rue de la Tixéranderie (29). Très belle épreuve du 2ᵉ état, *avant la lettre*, sur chine.

126. S¹ Etienne du Mont (30). Belle épreuve du 4ᵉ état, *avant* que les bras de l'ouvrier n'aient été à demi effacés.

127. La même estampe. Très belle épreuve du 6ᵉ état, *avant la lettre*, sur chine.

128. La Pompe Notre-Dame (31). Très belle épreuve, sur chine.

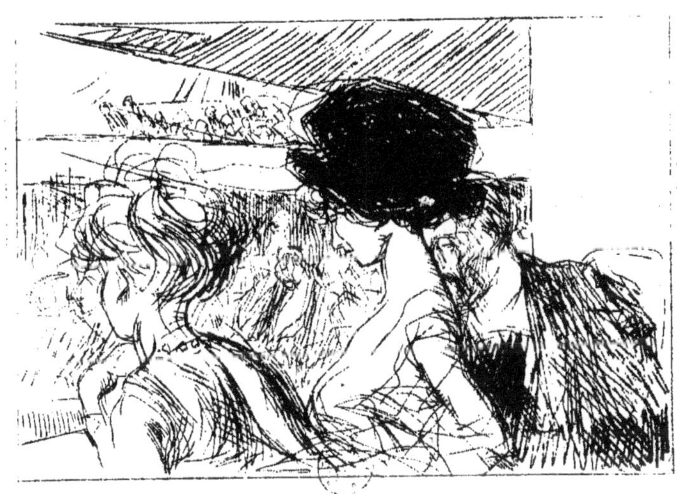

N° 64 du Catalogue

129. Le Pont-Neuf (33). Belle épreuve sur chine, *avant la date*.

130. Le Pont-au-Change (34). Très belle épreuve du 10ᵉ état (sur 11).

131. La Morgue (36). Très belle épreuve, *avant la lettre*, sur chine.

132. L'Abside de Notre-Dame (38). Très belle épreuve *avant la lettre* sur chine, le millésime effacé.

MILLER (J. S.

133. *Evening*, 1766. Belle épreuve.

MILLET (J. F.)

134. La Fileuse auvergnate (20). Très belle épreuve.

MORLAND (d'apr. G.)

135. The Park St James — Tea Garden. 2 pl. par (A. Zecchin ?), se faisant pendants. Belles épreuves, sans marges.

NANTEUIL (Robert)

136. Bouillon (G. M. de la Tour d'Auvergne, Duc de) (50). Très belle épreuve d'état intermédiaire.

137. Enghien (H. J. de Bourbon, Duc d'), d'apr. Mignard (90). Belle épreuve.

NUMA (d'après)

138. Les Lionnes de Paris, 4 pl. par Regnier. Belles épreuves, *coloriées*.

PEINTRE-GRAVEUR ILLUSTRÉ (le)

139. Tome Ier : Millet, Rousseau, Dupré et Jongkind. 1 vol. in-4° broch. Epuisé.

140. Tome V : Corot. 1 vol. in-4° broch.

PERRISSIN et TORTOREL

141. Tableaux des Guerres, Massacres, troubles et autres événements remarquables advenus en France de 1559 à 1570. Vingt neuf pièces (sur 40) la plus grande partie en très belles épreuves.

PIRANESI (J. B.)

141 *bis*. Vues de Rome. Quarante pièces in-fol.

PRUCHE

142. Le Miroir du Beau Monde, deux suites de 30 pl.,
en 2 alb. in-4° cart. d'édit.

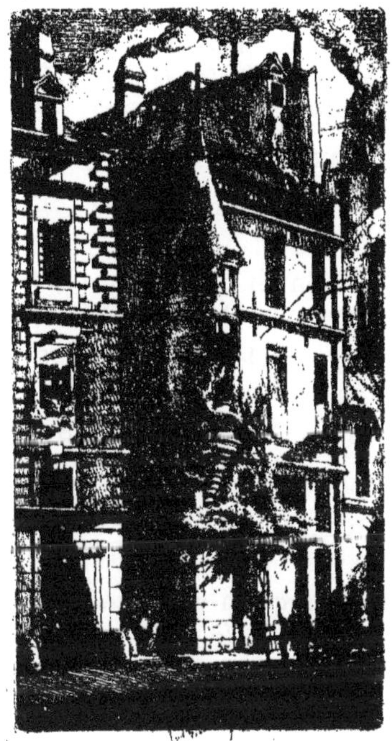

N° 125 dn Catalogue.

PRUDHON (d'apr. P. P.)

143. La Raison parle... — La Vertu aux prises avec le
Vice (78-79). Deux pl. par B. Roger, se faisant
pendants. Bonnes épreuves, une *av[t] l. l.*

143 *bis.* La Vengeance de Cerès — L'Amour rit des
pleurs qu'il fait verser. Deux pièces par Copia,
avant la lettre (piqures). Encadrées.

144. L'Amour réduit à la raison — Le Coup de patte du
     chat — Le Zéphir — Innocence et Amour, etc.
     6 pl. par Copia, Prudhon fils, Laugier, Villerey
     et Muller.

RECUEIL

145. SONNETS ET EAUX-FORTES. Paris, Lemerre, 1869,
     42 pl. par Corot (*Dans les Dunes*), Millet, Manet,
     Jongkind, Hadon, etc. Bel exempl. broch.

REMBRANDT VAN RIJN

146. Rembrandt faisant la moue (B. 10). Très belle
     épreuve.

147. Rembrandt au bonnet orné d'une plume (20) Belle
     épreuve — Asselyn. Deux pièces.

148. Abraham recevant les trois Anges (29). Très
     belle épreuve (petite restauration).

149. Fuite en Egypte, effet de nuit (53). Belle épreuve.

150. La Circoncision (47). Belle épreuve du 1er état.

150 *bis*. Jésus prêchant ou la Petite Tombe (67). Très
     belle épreuve.

151. La petite Résurrection de Lazare (B. 72). Belle
     épreuve sur *papier à la folie*.

152. La Grande Résurrection de Lazare (73). Très belle
     épreuve. Collection Massaloff.

153. Jésus guérissant les Malades, pl. dite des *Cent
     Florins* (74). Belle épreuve, restaurée et dou-
     blée.

154. Le Bon Samaritain (90). Belle épreuve (petite res-
     tauration).

155. La Mort de la Vierge (99). Belle épreuve.

156. La Chaumière et la Grange à foin (228). Copie
     trompeuse.

157. Jeune Homme assis et réfléchissant (B. 268). Belle
     épreuve.

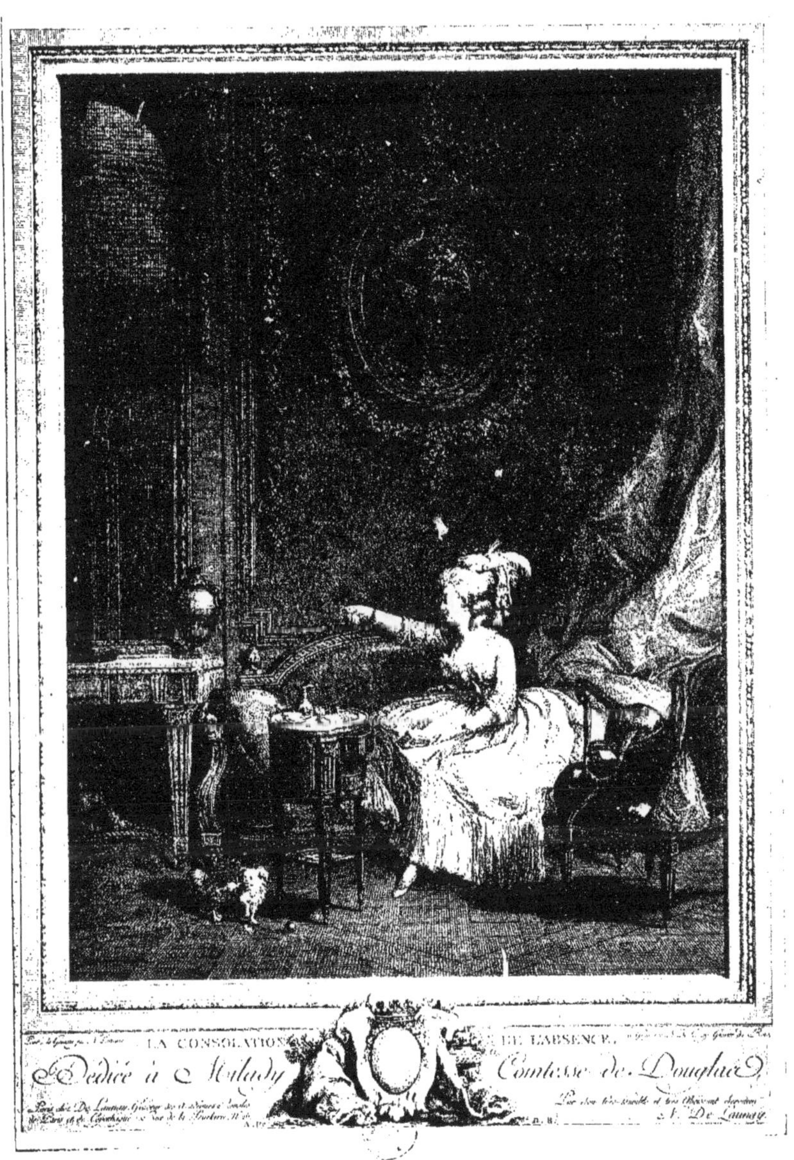

Nº 107 du Catalogue.

158. Faustus (270). Très belle épreuve *avant* les 3ᵉˢ tailles sur le livre, etc. Collection Artaria.

159. Abraham Frans (B. 273). Très belle épreuve du IXᵉ état. Collection Artaria.

160. Buste de la Mère de Rembrandt (349). Très belle épreuve du 4ᵉ état. Collection Artaria.

161. Trois têtes de femmes, dont une qui dort (368). Belle épreuve. Collection Artaria.

161 *bis*. Les grands Pélerins d'Emmaüs — Le Dessinateur d'après le modèle. Deux pl. (tirage postérieur). On y a joint une sanguine par Janinet.

162. Vénus au bain — Musiciens ambulants — Bustes de Rembrandt. Cinq pièces (y compris une copie).

162 *bis*. Baptême de l'Eunuque de Candace — Pierre et Jean à la porte du Temple — Jésus et la Samaritaine — Le Retour de l'Enfant prodigue. Quatre pièces. Belles épreuves.

REMBRANDT VAN RIJN (d'après)

163. L'Adoration des Bergers, par L. Bernard. Très belle épreuve du 1ᵉʳ état. Très rare.

164. *Baucis and Philemon*, par Th. Watson, 1772. Très belle épreuve.

165. La Présentation au Temple — *An Amorist aged — The Philosopher in... Study... et in Contemplation*. Quatre pièces par Earlom, Houston et un anonyme. Belles épreuves (une *avant la lettre*).

166. Samson trahi par Dalila — Portrait — Die Krönung Christi — Tobies with the Angel — The Studious philosopher. Cinq pl. par Ardell, Jacobé, etc.

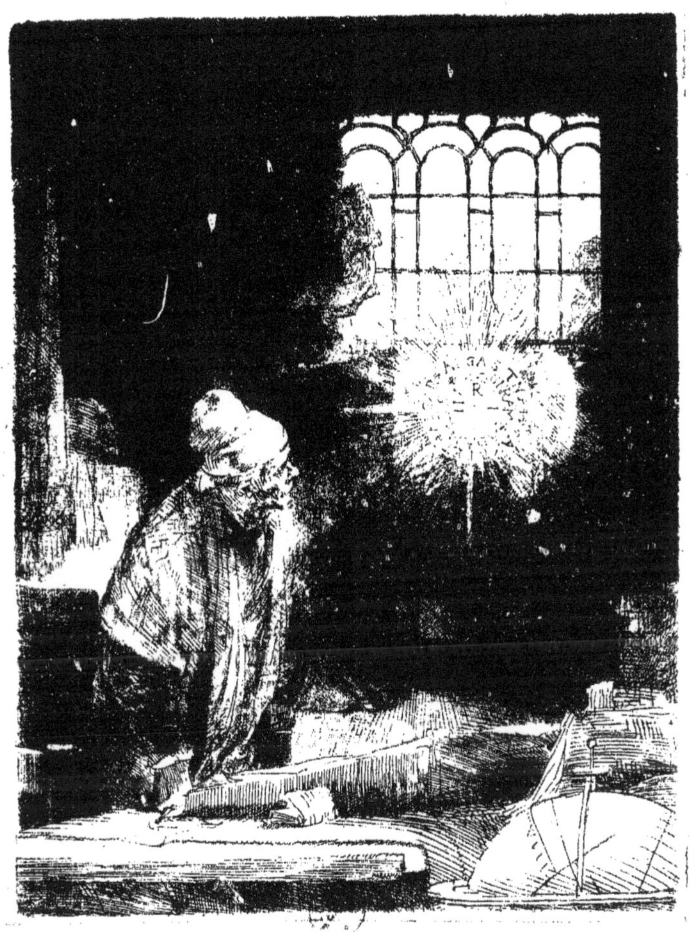

Nº 158 du Catalogue.

RIGAUD (J.)

167. Châteaux de France : Versailles, Marly, Madrid,
Rambouillet, Chambord, Chantilly, Sceaux,
29 pl. Belles épreuves.

ROMNEY (d'après George)

168. Sensibility, par R. Earlom, 1789. Belle épreuve.

ROUBAUD (Benjamin)

169. Panthéon Charivarique. Suite de 100 pl. Très belles épreuves en 1 alb. in-4° cart. d'édit.

ROUSSEAU (Théodore)

170. Le Cerisier de la Plante à biau (5). Superbe épreuve (1ᵉʳ tirage de Cuvelier).

171. La Plaine de la Plante à biau (6). Superbe épreuve du même tirage.

RUSSELL (d'après J.)

172. *Rural Employment*, par P. W. Tomkins. Belle épreuve, *imp. en couleurs* (filet de marge).

173. *Betsy in Trouble — The Favorite Rabbit*, 2 pl. par A. Zaffonato, se faisant pendants. Très belles épreuves, *imp. en couleurs.*

RUSSELL et MILLER (d'après)

174. *The Dog's first sight of himself — Innocent Recreation.* Deux pl. par Schiavonetti et Bonnefoy. Belles épreuves, *imp. en couleurs.*

SAINT-AUBIN (d'apr. Aug. de)

175. Le Tableau des portraits à la mode, par Courtois. Belle épreuve (sans marges). Encadrée.

SCHALL (d'apr. F.)

176. Le Modèle disposé, par Chaponnier. Belle épreuve (sans marges).

SHAYER (d'après)

177. *The Brighton Day-Mails*, par Hunt. Belle épreuve *coloriée.* Encadrée.

178. *The Duke of Beaufort Coach*, par Ch. Hunt, Epreuve *coloriée*. Encadrée.

SPIEGL (J.) — PICHLER — MURPHY — GRIGER

179. Bacchus et Ariane — *Andromedo and Perseus* — Hiram — La Vanité, 4 pl. d'apr. Hamilton, Arpino, Eckhoudt et Linder. Très belles épreuves.

THAULOW (Fritz)

180. Les Laveuses de Quimperlé. Très belle épreuve *imp. en couleurs, signée* (n° 88). Encadrée.

181. Le Mois de Marie. Très belle épreuve, *imp. en couleurs, signée* (n° 159). Encadrée.

TRAVIÈS (C. J.)

182. *Album Traviès* — *20 Lithographies* — Promenades Parisiennes, 32 pl. Paris, Pannier, 1843. Ensemble 2 alb., cart. d'édit.

VANLOO (d'après Carle)

183. La Belle Jardinière (Mme de Pompadour), par Anselin. Très belle épreuve à toutes marges (légères mouillures).

WATTEAU (d'apr. Ant.)

184. L'Amour au Théâtre Italien, par Cochin (69). Belle épreuve.

185. Départ des Comédiens Italiens en 1697, par L. Jacob (70). Belle épreuve *avant* les mots : *secrétaire...* etc.

186. La Danse Paysanne, par B. Audran (125). Très belle épreuve.

187. Heureux âge ! par Tardieu (174). Très belle épreuve du 1er état.

188. L'Indiscret, par M. Aubert (189). Très belle épreuve.

189. *Figures de Différents caractères, de Paysages et
d'Etudes dessinées d'après nature par* ANTOINE
WATTEAU... Paris, Audran, s. d. Titre, abrégé de
la vie de Watteau, épitaphe, préface, portrait, et
20 pl. par Boucher, Audran, Caylus, etc. Très
belles épreuves.

WHEATLEY (d'apr. F.)

190. Cris de Londres, 2 planches par L. Schiavonetti.
Belles épreuves (courtes de marges).

WILLE (J. G.)

191. Louis XV, d'après Le Moyne. Belle épreuve.
Encadrée.

191 *bis.* Neufville (F. L. A. de), d'après Chevalier.
Belle épreuve. Encadrée.

ZORN (Anders)

192. Violoniste de village (185). Belle épreuve.

DIVERS

193. Les Baigneuses — Pastorale — La Sorbonne — La
Rivale désabusée — Théâtre de l'Opéra, B S
Martin — S Sulpice, 4 pl. par Bonnet (?), Kent,
Lévilly et Janinet. Bonnes épreuves, *imp. en cou-
leurs*, une en *bistre*, une autre *coloriée.*

194. Caricatures, par Daumier, Traviès, Vernias et
autres, environ 130 pl.

195. Sujets divers, paysages, portraits, 48 pl. anc. et
mod.

196. Sujets divers et Paysages, 11 pl. par Daubigny,
Buhot, Rops, Jacque, etc. Belles épreuves.

197. Sujets divers, 15 pl., d'apr. Boilly, A. Kauffman, Wille fils, Jeaurat, Greuze, etc.

198. Voyages pittoresques et romantiques dans l'ancienne France, par MM. Taylor, Ch. Nodier et A. de Cailleux. Paris, Firmin-Didot, 1834-1837.

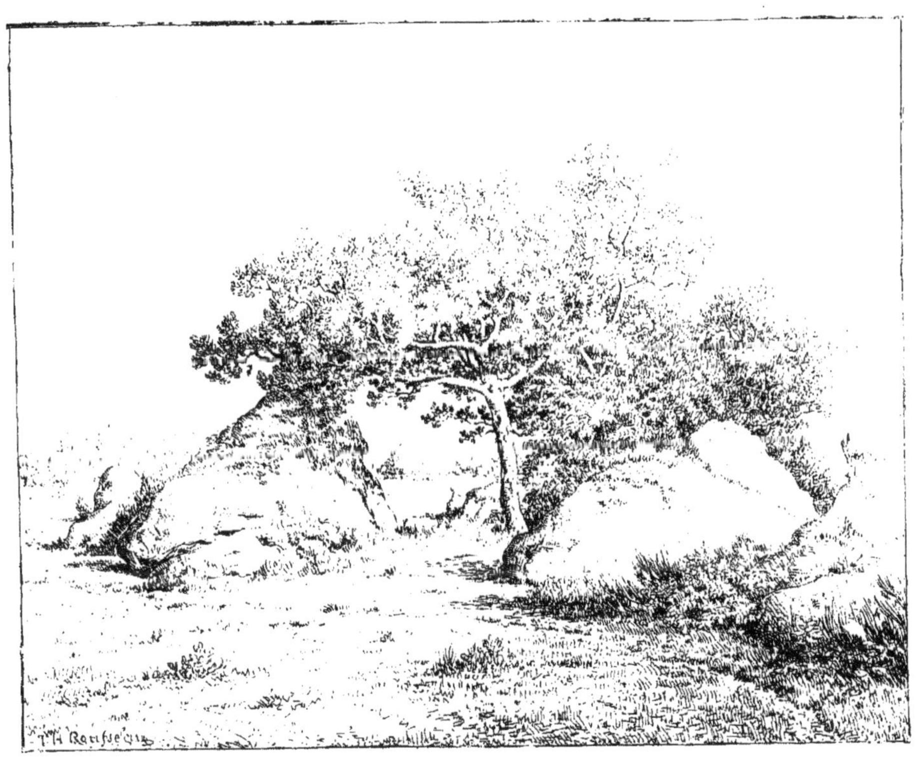

Nº 170 du Catalogue.

198 *bis*. Languedoc. Tomes I et II. Série complète des titres, du texte et d'environ 220 planches.

198 *ter*. Languedoc. Environ 6.000 planches et pages de texte.

198 *quater*. Champagne. Environ 6.000 planches et
pages de texte.

199. Sous ce n°, il sera vendu, par lots, 156 planches,
sujets divers, portraits, paysages, vignettes, etc.

200. Vues d'optique de Paris — Etranger — Scènes
diverses, 96 pl. *coloriées*.

201. Sujets divers, Portraits, 42 pl. par Ostade, Goya,
Debucourt, etc.

202. Sujets religieux et divers, 50 pl., la plupart par
Wierix.

203. Autels — Façades — Décorations, etc., 32 pl. de
De la Fosse, de Neufforge, etc. Belles épreuves.

204. Tromp (C.) — Le Tellier (C. M.) — Gribius (P.) —
Chennevière, etc., 24 pl., la plupart anciennes.

205. Guillaume V, Cte Palatin — Auguste III — Glargès
(G. de) — Galen — Quinault — Wickham (W.)
— Le Camus (N.), etc. 20 pl., la plupart anciennes.

206. Sujets divers, Animaux et Paysages, 18 pl. par ou
d'après S. Prout, Géricault, Cooper, H. Monnier,
Isabey, etc.

207. Sous ce numéro, il sera vendu environ 150 bro-
chures : études sur Carpeaux, Chardin, Corot,
Millet, Rousseau, revues artistiques (Studio),
catalogues d'expositions, de ventes françaises et
étrangères.

208. Chaine anglaise — La Marchande de cerneau —
Bouquetière — Dinah, etc., 24 pl. par Raffet,
Lami, Gavarni, Vernet, Grevedon, etc. (plusieurs
coloriées).

209. Scènes bachiques, Sensations et Physionomies,
etc., 26 pl. par Traviès, Pruche, etc.

210. Sous ce numéro, il sera vendu par lots 10 pièces
encadrées ou sous verre.

211. Sous ce n°, il sera vendu par lots environ 500 pièces anciennes et modernes, sujets divers, vues, paysages, costumes, vignettes.

212. Sous ce numéro, il sera vendu par lots 39 pièces encadrées ou sous verre.

213. Fin de la Course, reproduction d'apr. Debucourt. Encadrée.

214. Clémentine abandonnée — Henri de Montmorency — Louis XIV et Vauban — Le Cuvier. 4 pièces *imprimées en couleurs* ou *coloriées*. Encadrées.

215. *Portes de l'enceinte de Paris, sous Charles V (1380)*, Paris, 1879, texte et 20 pl. par Guillaumot. Environ 18 exempl. en feuilles.

215 bis. *Venationes Ferarum, Auium, Piscium, pugnæ... Edita A. Philippo Gallaeo.* Frontispice et 39 pl. d'apr. Stradan, en 1 alb. in-4° obl.

216. Portraits anciens et modernes, 98 pl.

FRAZIER-SOYE

GRAVEUR-IMPRIMEUR

153-155-157, Rue Montmartre

PARIS